Meine HEXEN BOX

Lucy Summers

Meine HEXEN BOX

Zaubersprüche und Rituale für weiße Hexen

M EWIG

Copyright © Quarto Inc.
Originaltitel:
„The Little Box of Spells"
Herausgeber: Paula Regan
Art Editor und Designer:
Sheila Volpe
Assistant Art Director: Penny Cobb
Originallektorat: Andrew Armitage
Photograph: Will White
Illustrationen:
Elsa Godfrey, Clare Baggaley
Register: Pamela Ellis

Art Director: Moira Clinch
Verleger: Piers Spence

Übersetzung aus dem Englischen:
Inga-Brita Thiele
Redaktion und Satz
der deutschen Ausgabe:
Lesezeichen Verlagsdienste, Köln

Printed in China
ISBN 3-8118-2936-X

Inhalt

Zauberei

Zaubermittel und -Sprüche gibt es, seit die ersten Menschen höhere Wesen um Hilfe bei der Jagd, der Heilung oder der Suche nach einem passenden Partner baten. Schon unter den frühesten erhaltenen Schriftzeugnissen finden sich Anleitungen für Amulette, Rezepte für Zaubertränke sowie Gebete, mit denen die Götter um Hilfe angerufen wurden. Dieser Magieglaube zieht sich mit Schwerpunkt im Mittelalter durch alle Zeiten und Kulturen. Auch wenn die Popularität der Zauberei in der westlichen Welt – oft infolge religiös bedingter Entwicklungen und Machtverhältnisse – mal zu-, mal wieder abnahm, ist der Glauben an sie nie ganz erloschen und erfährt heute durch neuheidnische und Hexentraditionen eine Wiederbelebung. Dass dieser Glaube sich hartnäckig durch alle Zeiten und Kulturen und gegen alle Vorurteile gehalten hat, beweist, dass es sich um mehr als bloßen „Hokuspokus" handelt.

Dieses Buch ist eine einfache Einführung in die Hexerei – ohne komplizierte Beschwörungen oder Rezepte. Es enthält keinen Zauber, der Ihnen oder anderen schaden kann, und schreibt Ihnen nicht vor, an eine bestimmte Gottheit zu glauben. Um Ihr Leben durch etwas Magie zu bereichern, brauchen Sie nur ein Herz voller guter Absichten, den festen Glauben an Ihre Wünsche und einen für Ihre Umwelt aufgeschlossenen Geist.

Wichtige Hilfsmittel

Die Hexerei basiert auf der Beeinflussung universaler Energien durch den eigenen Willen. Man braucht jedoch einige Hilfsmittel und Zutaten, um die verfügbaren Kräfte zu steigern und die richtigen Schwingungen zu erzeugen. Die traditionelle Hexenkunst, bei deren Ritualen oft Gottheiten und mächtige Geister beschworen werden, bedient sich spezieller Werkzeuge, Weihungen und Zauberkreise. Für unsere Zaubersprüche genügen einfache Hilfsmittel und Zutaten, von denen einige nachfolgend beschrieben werden.

Der Altar

Auch wenn er in den Anleitungen nicht eigens erwähnt wird, kann für Ihre magischen Künste ein spezieller Platz vorteilhaft sein, der Ihren Geist und Willen auf Ihre magische Absicht einstimmt, wenn Sie vor ihm sitzen, knien oder stehen. Dieser Altar kann verschnörkelt oder schlicht, groß oder klein sein; es kann sich auch um einen Kaminsims oder eine Fensterbank handeln.

Der Altar muss stabil sein, um einer Kerze sicheren Stand zu bieten, und sollte in einem Raum stehen, in dem Sie möglichst ungestört sind: Unterbrechungen und neugierige Blicke tun der Zauberei selten gut. Sie können eine die magischen Kräfte beschwörende Formel über den Altar hängen, um sie vor Beginn des eigentlichen Zaubers zu rezitieren, und den Altar, wenn er gerade nicht benutzt wird, so dekorieren, wie es Ihnen für Ihr persönliches Heiligtum passend erscheint.

Kerzen

Kerzen verkörpern das Element Feuer, das dem Zauber Energie und Konzentration verleiht. Farbige Kerzen haben eine unterstützende Wirkung, doch notfalls kann man auch weiße nehmen. In der Tabelle unten ist eine Liste der Kerzenfarben und ihrer magischen Energien aufgeführt.

Farbe	Zauberenergie
Purpur	Höhere geistige Energien, wie z. B. Engel
Gelb/Gold	Kraft, Fülle, Glück
Weiß/Silber/Violett	Reinheit, seelische Arbeit, Heilung
Rot	Schutz, Lebenskraft, Lust
Orange	Kommunikation, geistige Arbeit, Karriere
Blau	Heilung, Reichtum
Grün oder Rosa	Liebe, Romantik, Freundschaft, Harmonie
Schwarz	Vertreibung negativer Gedanken

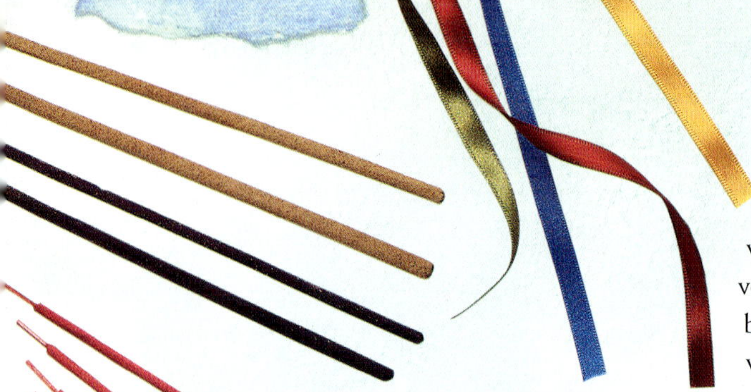

Räucherwerk

Verschiedenen Räucherdüften wohnen bestimmte magische Schwingungen inne. So ist Weihrauch gut für meditative Magie; Rose, Ylang Ylang und Jasmin sind ideal für Liebeszauber. Es gibt zu viele Räucherdüfte, um hier auf alle einzugehen, aber Sie werden in diesem Buch genügend Informationsquellen finden. Alle Räucherdüfte schaffen eine magische Atmosphäre, die Ihren Willen auf höhere Ebenen emporträgt, und verkörpern das Element Luft.

Bänder

Bänder dienen oft dazu, einen Zauber zu „binden" – entweder die Zutaten oder die magische Absicht selbst. Sie sind meist der abschließende Bestandteil, der die Zauberzutaten zu einem Ganzen vereint. Auch sie können verschiedene Farben haben, die bestimmte magische Energien verkörpern (*siehe Farbtafel, Seite* 7).

Steine

Steine verkörpern das Element Erde und haben stabilisierende, materielle Schwingungen. Sie bergen Energien, Gefühle und Erinnerungen. Deshalb scheint es in manchen alten Gebäuden zu spuken: Ihre Mauern haben vergangene Geschehnisse gespeichert und können sie unter bestimmten Umständen wieder „abspielen".

Kristalle

Kristalle entstammen der Erde, stehen aber auch mit anderen Elementen in Berührung. Ihnen werden verschiedene Eigenschaften, vor allem in der Heilkunst, zugeschrieben, alle können jedoch wohltuende Energien übertragen (*siehe Seite* 62). Manche lassen sich für bestimmte Zwecke „programmieren". Für die meisten magischen Zwecke sind Quarzkristalle ideal.

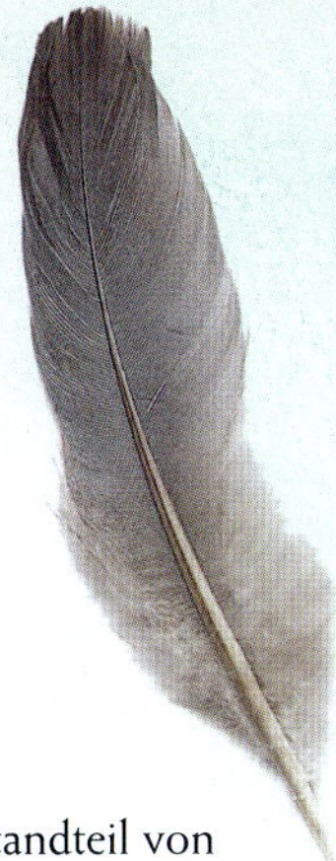

schweigend um Erlaubnis bitten und eine kleine Gegengabe, wie eine Prise Tabak oder eine Haarsträhne, vor Ort zurücklassen.

Federn

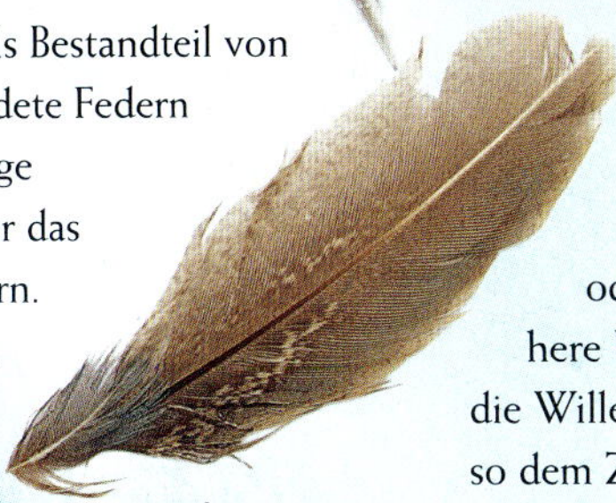

Zur Verzierung oder als Bestandteil von Zaubermitteln verwendete Federn können Freiheit, geistige Klarheit, die Seele oder das Element Luft verkörpern. Sie dürfen nicht durch Tierquälerei gewonnen werden.

Kräuter

Auch Pflanzenenergien (einschließlich ätherische Öle) tragen das Ihre zu einem Zauber bei (*siehe Seite 63*). Hierzu stets frisches Pflanzenmaterial sammeln, aber die Bestände nicht zu stark dezimieren und die umgebende Landschaft nicht zerstören. Eine Pflanze oder einen Baum, von denen man etwas pflücken möchte, vorher

Hexensprüche

Zu einem Zauber gehört oft eine Beschwörungsformel. Die Zaubersprüche in diesem Buch sollen auf die Psyche der Hexe oder des Zauberers und auf die nähere Umgebung wirken, aber vor allem die Willenskraft sammeln und stärken, um so dem Zauber mehr Macht zu verleihen.

Was ist Magie und funktioniert sie?

Magie ist überall um uns herum. Unsichtbar, geruchs- und lautlos windet sie sich durch unser Leben und unsere Träume, meist ohne dass wir sie bemerken. Wie der Elektromagnetismus ist sie eine unsichtbare Kraft, die das ganze Universum durchdringt. Doch wir können diese Energie gezielt beeinflussen, ihre Schwingungen oder Richtung durch unseren Willen oder mithilfe der Energien von Pflanzen, Kerzen oder mit anderen Hilfsmitteln lenken. Dabei ist das Ergebnis nicht immer vorhersagbar. Andere Kräfte können ebenfalls auf diesen universalen Energiefluss einwirken und Abweichungen, Blockierungen und „Zufälle" auslösen. Deshalb wirkt ein Zauber nicht immer beim ersten Mal oder so schnell wie erwartet. Doch wenn Sie sich konzentrieren und die Sache ernst nehmen, werden Sie feststellen, dass die Zauberkunst Ihre Lebensqualität erstaunlich verbessern kann.

Vielleicht benötigen Sie etwas Übung, um sich sammeln zu können. Setzen Sie sich täglich in einen ruhigen Raum, verlangsamen Sie bewusst Ihre Atmung, und lassen Sie Ihren Geist zur Ruhe kommen. Versuchen Sie sich in kreativer Visualisierung, indem Sie sich eine Obstschale vorstellen – sie vor sich sehen, ihren Inhalt fühlen, riechen und schmecken. Stellen Sie sich dann einen Ihrer Lieblingsorte, etwa einen Teil Ihres Gartens oder einen fernen Strand, vor. Wenn Sie das Visualisieren erst beherrschen, können Sie dadurch Ihrer Magie mehr Kraft verleihen.

Wie die meisten Energien hat auch die Magie ihre eigenen Regeln, die man unbedingt beachten sollte. Die wichtigsten sind:

1 Alles kehrt zu uns zurück

Was immer man aussendet, kommt irgendwann zu einem zurück. Das ist kein Problem, wenn man nur Gutes im Sinn hat – aber Vorsicht, wenn Sie beabsichtigen, jemandem zu schaden: Sie könnten in größere Schwierigkeiten geraten als das vorgesehene „Opfer". Hexen und Zauberer mit Verantwortungsgefühl versuchen niemals, anderen zu schaden.

2 Keinen „faulen" Zauber

Es ist auch unmoralisch, jemanden gegen seinen Willen zu beeinflussen – wenn Sie z. B. jemanden zwingen wollen, Sie zu lieben, der Sie gar nicht ausstehen kann. Diese Art Zauber schlägt meist fehl oder kann Sie in peinliche und unerträgliche Situationen bringen. In einem solchen Fall tun Sie besser daran, der Person vorbehaltlos liebevolle Gedanken zu senden, um ihr Leben zu verbessern. Das kann auf ihr Unterbewusstsein wirken, sodass sie bald den Wunsch empfindet, Sie näher kennen zu lernen. Doch wenn jemand Sie mag, aber zu schüchtern ist, um sich Ihnen zu nähern, oder wenn Sie den Weg zu einem noch unbekannten Seelengefährten ebnen möchten, kann Magie sehr hilfreich sein. Denken Sie nur daran: Wenn sich etwas falsch anfühlt oder Unbehagen verursacht, sollte man es besser lassen!

3 Was Sie wollen, ist nicht immer das, was Sie brauchen

Eine weitere wichtige Regel besagt, dass Sie oft nicht das bekommen, was Sie sich wünschen, sondern das, was Sie wirklich brauchen. Das ist auch besser so, sonst gäbe es nur noch Millionäre – und die Weltwirtschaft wäre ruiniert! Die Magie unterstützt Selbstbestimmung und Barmherzigkeit, nicht aber Gier, erst recht nicht auf Kosten anderer.

Mit diesem Wissen wollen wir uns nun einigen weiteren Faktoren zuwenden, die Ihre Zauberei beeinflussen können.

Die Elemente

Früher glaubte man, die ganze Welt bestünde aus den vier Elementen Erde, Luft, Feuer und Wasser sowie aus Geist. Auch wenn Wissenschaftler festgestellt haben, dass sich die Materie aus Hunderten von Komponenten zusammensetzt, sind doch die meisten Dinge von einem der vier Ur-Elemente beeinflusst:

ERDE: Sicherheit, Stabilität, materieller Reichtum. Kann durch Erde, Steine und Kiesel verkörpert werden und ist dem Norden zugeordnet.

LUFT: Geistige Energie, Inspiration, Ideen, Freiheit. Von Wind, Federn, Räucherwerk, Vögeln und manchen Bäumen verkörpert; dem Osten zugeordnet.

FEUER: Energie, Leidenschaft, Verwandlung. Von Kerzen, Feuer und Sonne verkörpert; dem Süden zugeordnet.

WASSER: Gefühle, Heilung, seelische Kräfte, Reinigung. Von Wasserschalen, Seen, Flüssen, dem Meer und dem Mond verkörpert und dem Westen zugeordnet.

)er Mond

.uch die Mondphasen haben Einfluss auf ıagische Energien und sollten bei der .nwendung eines Zaubers berücksichtigt 'erden.

Die hauchdünne Sichel des neuen Mon- es ist ideal für Rituale, die mit Neuanfang zu ın haben.

Der zunehmende Mond ist gut für kon- ;ruktive Magie – für Pläne oder Projekte, die ch entwickeln und entfalten müssen.

Der Vollmond ist die richtige Zeit für Vollendungszauber – die Erfüllung von Träumen und seelische Arbeit.

Bei abnehmendem Mond kann man Negatives verbannen und Dinge beenden.

Bei Neumond – wenn der Mond unsichtbar ist – sollte man auf die Zauberei verzichten, da diese Phase mit der dunklen Seite der Magie assoziiert wird.

Wochentage

Die einzelnen Wochentage werden von Astrologen schon seit langer Zeit mit den kosmischen Einflüssen bestimmter Planeten in Verbindung gebracht. Das können Sie sich zunutze machen, um Ihren Ritualen die Unterstützung kosmischer Kräfte zu sichern. Hier die den Wochentagen zugeschriebenen Eigenschaften:

SONNTAG – Sonne: Mut, Stärke, Schutz, Lebenskraft, Gesundheit, Glück, Fülle.

MONTAG – Mond: Heilung, seelische Kräfte, Wasserzauber, Inspiration, Kreativität.

DIENSTAG – Mars: Schutz, Energie, Lust, Streit.

MITTWOCH – Merkur: Verständigung, Prüfungen, Reise, Begegnungen.

DONNERSTAG – Jupiter: Fülle, günstiges Geschick, Gesundheit, Glück.

FREITAG – Venus: Liebe, Freundschaft, Trost, Versöhnung.

SAMSTAG – Saturn: Vertreibung von Negativität, Weisheit.

KAPITEL
I

Rituale für Liebe & Freundschaft

Die meisten von uns träumen von wahrer Liebe. Mit etwas Magie können wir die richtigen Bedingungen schaffen, damit eine verwandte Seele den Weg zu uns findet. Und mit noch etwas mehr Magie können wir die Beziehung festigen. Ebenso sehnen wir uns nach treuen Freunden, die mit uns durch dick und dünn gehen. Diese Zaubereien sollen anderen keine Gefühle für Sie aufzwingen, sondern die richtigen magischen Schwingungen erzeugen, damit in Ihrem Leben Gutes geschehen kann.

Seelensucher

Ein Zauber, der Ihren Ruf nach
Liebe bis ans Ende der Welt trägt.

Sie brauchen

ein Stück Pappe

Stifte

einen Nagel

•

Räucherwerk

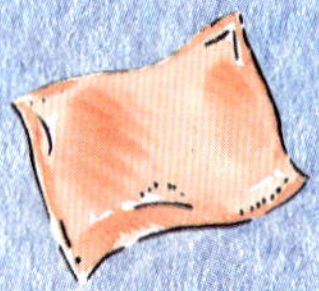

ein Stück Stoff

Sind Sie auf der Suche nach jemand Besonderem in Ihrem Leben? Dies kann der Weg zu seinem oder ihrem Herzen sein. Aber Geduld, wenn die verwandte Seele nicht postwendend auftaucht – alles braucht seine Zeit.

Methode

In der Nacht nach dem Neumond einen Kreis (10 cm Ø) auf ein Stück Pappe zeichnen. Diese Pappscheibe ausschneiden und einen Kompass auf eine Seite zeichnen. Ein kleines Loch in die Mitte de Scheibe schneiden und den Nagel hindurchstecken. Jetzt das Räucherwerk anzünden, den Kompass darüber halten und mit eine Finger langsam drehen. Dabei die folgenden Worte sprechen:

Dreh den Kompass rund und rund,
Bis meine Liebe wird mir kund,
Herz an Herz und Hand in Hand,
Für immer und ewig ein festes Band,
Nord, Süd, Ost und West,
Dieser Zauber hält ihn fest.
Zauber, flieg von dort nach hier –
Bring seine Seele heim zu mir.

Sehen Sie, wie der aufsteigende Rauch Ihre Bitte und die Kompas energie mit sich trägt. Stellen Sie sich vor, wie Ihr Seelengefährt durch den Rauch zu Ihnen kommt. Obwohl noch gesichts- und namenlos, kommt er immer näher. Wenn das Bild möglichst scha und klar ist, beenden Sie den Zauber, indem Sie das Räucherwer löschen. Wickeln Sie den mit Energie aufgeladenen Kompass in d Stoff, und legen Sie ihn unter Ihr Kopfkissen.

Liebesknoten

Ein Kräuterzauber für Treue zwischen Ihnen
und dem besonderen Menschen in Ihrem Leben.

Sie brauchen

einen Becher

drei Teelöffel Lavendel

ein grünes Band

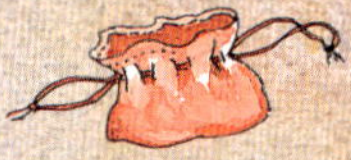

ein Stück Seide oder ein Seidenbeutelchen

Dieser Knoten wird die Treue Ihres Liebsten und das Feue der Leidenschaft zwischen Ihnen lebendig erhalten. Lavendel und die Farbe Grün werden mit Liebe und Treue assoziiert und schon seit dem Mittelalter für solche Rituale verwendet.

Methode

Lavendel in den Becher geben, mit kochendem Wasser aufgießen. Eine Stunde ziehen lassen, dann durch ein Sieb gießen. Das Band eine Stunde darin einweichen, herausnehmen und trocknen lassen. Setzen Sie sich zur Ausführung des Zaubers ungestört in einen ruhigen Raum. Zünden Sie eine Kerze und etwas Räucherwerk an, u eine angenehme Atmosphäre zu schaffen, und nehmen Sie sich einig Minuten Zeit, um Geist und Atmung zu beruhigen. Dann nehmen S das Band und knüpfen einen Kreuzknoten in die Mitte. Das geht so links über rechts, dann von unten durch die Schlaufe, festziehen. Rechts über links, dann von unten durch die Schlaufe, festziehen.

Sprechen Sie dabei folgende Formel:

Knüpf diesen Knoten, so bleibt er treu,
Seine Liebe sei immer wie neu,
Wird niemals eine andere seh'n,
Jeder Verlockung widersteh'n.
Und knüpf noch einen, den Zauber zu binden,
Er soll immer Liebe für mich empfinden,
Niemals seiner Wege gehen,
Allzeit in Treue zu mir stehen.

Das Band in die Seide wickeln und bei Ihrer Unterwäsche verwahre

Freundschaftslotse

Ein Zauber, der dafür sorgt, dass bei der Suche nach Freunden die Engel mit Ihnen sind.

Sie brauchen

eine purpurne Kerze

ätherisches Rosenöl

Dieser einfache Zauber soll Ihren Freundeskreis erweitern doch nur um Menschen, die Ihnen gut tun. Da man sich auf die eigene Menschenkenntnis nicht immer verlassen kann, bringt die purpurne Kerze Sie mit Wesen der höheren geistigen Ebene, den Engeln, in Verbindung, die Sie leiten.

Methode

Am ersten Mittwoch nach einem Vollmond die Kerze mit Rosenöl einreiben und dabei an die Art von Menschen denken, die Sie kennen lernen möchten – an gemeinsame Interessen oder an Charakterzüge, die Ihnen sympathisch sind. Beim Anzünden sprechen Sie:

Nun zünd ich diese Kerze an,
Geh als Leuchtfeuer mir voran,
Ihr Engel, hört meine Worte,
Und lenkt meine Füße an Orte,
Wo Gleichgesinnte sich finden,
In Freundschaft sich verbinden.
Macht sie sorgsam, treu und freundlich,
Nie verlogen und unleidlich;
Lasst Geister und Seelen sich vereinen,
Zu teilen mein Lachen und Weinen.
Leuchtende Flamme, ich bitte dich:
Diesen Zauber erweck' für mich.

Sitzen Sie einige Minuten still, ohne zu denken. Vielleicht spüren Sie die Wärme und Liebe, mit der die Engel Ihre Bitte entgegennehmen. Wenn Sie so weit sind, blasen Sie die Kerze aus. Sie können sie jeden Abend etwa für eine halbe Stunde anzünden, um Ihren Zauber zu verstärken.

Zornzügler

Gehen Sie nicht in die Luft! Entspannen Sie sich einen Moment, und besänftigen Sie Ihren Zorn.

Sie brauchen

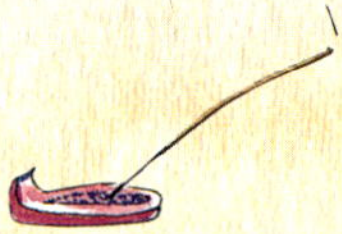

Räucherwerk

•

ein Stück Papier

einen dunklen, glatten Stein

Wenn Sie vor Wut schnauben und sich rasch beruhigen müssen, lassen Sie sich von Mutter Erde helfen. Durch diesen Zauber können Sie sich entspannen und sich von Ihrem Zorn befreien. Er kann auch das hitzige Temperament eines anderen mildern – passen Sie die Worte einfach entsprechend an.

Methode

Ziehen Sie sich in einen ruhigen Raum zurück, und zünden Sie das Räucherwerk an. Sitzen Sie still davor, und atmen Sie tief und langsam. Konzentrieren Sie sich darauf, was Sie so wütend macht, und schreiben Sie es auf ein Stück Papier – detailliert und emotional ohne etwas auszulassen. Wenn der Zauber einem anderen gilt, schreiben Sie auf, was diese Person aus der Fassung bringt. Wickeln Sie das Papier um den Stein und sprechen Sie:

Stein, Stein, nimm den Grund meines Zornes fort,
und gib ihn der Erde.
Lass mich nur Ruhe und Frieden in meinem Herzen fühlen.
Im Namen der Alten, lass die Sache beigelegt sein.

Begraben Sie dann den Stein und das Papier in einem Loch in Ihrem Garten. Mutter Erde hört sich unser Schimpfen und Klagen wie jede gute Mutter ohne Vorbehalte an und verwandelt es nach und nach in etwas Unschädlicheres. Um ihr zu danken, können Sie ihr eine kleine Opfergabe, etwa eine Prise Tabak oder eine Haarsträhne, dalassen. Danach sollten Sie sich bei einem wohltuenden, beruhigenden Getränk, wie z. B. Kamillentee, entspannen.

Erotikelixier

Dieser Trank entfesselt die Kräfte der Leidenschaft – aber seien Sie auf die Folgen gefasst!

Sie brauchen

eine kleine Flasche Weinbrand

•

ein Stück Zimtstange

•

eine Vanilleschote

•

eine Gewürznelke

•

150 g Rosenblütenblätter

•

150 g Märzveilchenblüten

•

einen kleinen roten Stein, am besten einen Granat

•

ein Stück Musselin

Ein uraltes Rezept, um das Blut in Wallung zu bringen. Allen seinen Zutaten wird eine Lust fördernde Wirkung zugeschrieben: Ob Sie das Gemisch also zur Aromatisierung eines Getränks oder als verführerisches Parfüm benutzen, Sie sollten sich auf stürmische Zeiten einstellen.

Methode

An einem Abend zwischen Neu- und Vollmond die Blüten und Gewürze zusammen mit dem Granat oder roten Stein in die Weinbrandflasche geben. Die Flasche gut verschließen und kräftig schütteln; dabei diese Worte sprechen:

Durch Samen und Knospe,
Durch Frucht und Blütensaft,
Diese Stunde hat die Kraft,
Um zu brauen einen Zauber
Zur Entfesslung der Leidenschaft.

Die Flasche einen Monat lang auf einer sonnigen Fensterbank stehen lassen und täglich einmal schütteln. So kann der Weinbrand die magischen Kräfte der Pflanzen aufnehmen. Wenn der Mond in der gleichen Phase wie zu Beginn des Zaubers ist, die Flasche öffnen, die Flüssigkeit durch eine doppelte Lage Musselin abgießen, in eine saubere Flasche füllen und diese etikettieren. Bei Bedarf entweder sieben Tropfen des Trankes in ein gemeinsames Getränk geben oder eine kleine Menge hinter Ihre Ohren tupfen. Dank des hohen Alkoholgehalts können Sie diesen Trank mehrere Jahre aufbewahren.

KAPITEL
II

Rituale für Heim & Familie

Zu den wichtigsten und stabilisierendsten Einflüssen in unserem Leben gehört unser Heim, unsere Familie und Freunde. Unsere Familie bildet unseren Ursprung, unsere Wurzeln, ob es uns gefällt oder nicht. Unsere Freunde unterstützen uns auch in schlechten Zeiten; manchmal werden sie zu der Wunschfamilie, die uns fehlt. Unser Heim sollte ein Ort der Geborgenheit sein, an dem wir uns sicher fühlen und unsere Verletzungen heilen können. Die folgenden Rituale sollen diese wichtigen Elemente unseres Lebens stärken und ein unterstützendes Netzwerk schaffen, das uns Mut macht, die weite Welt zu erkunden.

Haussegen

Ein Zauber, der die Göttin des heimischen Herdes beschwört, Ihrem Heim Sicherheit, Gesundheit und Glück zu bescheren.

Sie brauchen

Ziegel- oder Holzstaub aus den vier Ecken Ihres Hauses

•

drei Haare von Ihrem Kopf

•

getrocknete Vogelbeeren

•

eine weiße Kerze

einen rotes Flanellbeutelchen

•

ein Stück rote Schnur oder rotes Band

Traditionell galt der Herd als Mittelpunkt des Hauses. Früher war dies das Küchenfeuer, das die Familie mit Wärme und Nahrung versorgte. Heute ist das traditionelle Küchenfeuer selten geworden, also wählen Sie einen Bereich, den Sie für das wärmende, emotionale Zentrum Ihres Hauses oder Ihrer Familie halten. Das kann die Küche, ein Kamin in einem anderen Zimmer oder auch ein ganz anderer Platz sein.

Methode

Zuerst die Himmelsrichtungen Nord, Süd, Ost und West ermitteln und etwas Ziegel- oder Holzstaub aus jedem „Quadranten" Ihres Hauses zusammentragen. Aus welchem Material Ihr Haus auch gebaut ist, es sollte möglich sein, etwas davon von den Wänden zu kratzen. Das Material in einer Schale vor Ihren „Herdbereich" stellen. Drei Haare von Ihrem Kopf und die Vogelbeeren dazugeben. Die Kerze anzünden und die Zauberzutaten mit den Fingern in der Schale vermischen, während Sie folgende Worte sprechen:

Mögen die Alten dieses Haus mit Fülle, Liebe, Gesundheit und Glück segnen. Lasst nichts Böses in diese Mauern eindringen oder in ihnen verweilen. Alles soll hell sein, alles soll warm sein, alles soll sicher sein. Im Namen der Hestia, Göttin des Herdes, im Himmel und auf Erden, binde ich diesen Zauber.

Die Zutaten in den Beutel füllen, diesen mit der Schnur oder dem Band zubinden und über den Herdbereich hängen.

Raumklärer

Kerze, Räucherduft und Beschwörungen vertreiben negative Energien aus Ihrem Raum.

Sie brauchen

eine weiße Kerze

•

Räucherwerk

Wasser

Salz

Oft sammeln sich in einem Raum schlechte Energien an – besonders, wenn man Besucher hatte, die negativ eingestellt sind oder mit denen man sich nicht versteht. Streit, Gewalt, selbst der Empfang eines bösen Briefes können den Raum „verderben".

Methode

Um einen Raum von unerwünschten Energien zu befreien, muss man ihn zuerst äußerlich reinigen: aufräumen, wischen, Staub saugen. Dann die Kerze anzünden, mit ihr im Uhrzeigersinn im Raum herumgehen, bei Nord, Ost, Süd und West kurz anhalten. Sprechen Sie

Kerze, Kerze, brenne hell, vertreibe alles Dunkle schnell;
Schatten jage hinterdrein, wie ich es will, so muss es sein.

Mit brennendem Räucherwerk wiederholen – zu folgenden Worten:
Böse Geister, schert euch fort, vor Räucherduft an diesem Ort;
Kein übler Geist kommt mehr herein, wie ich es will, so muss es sein.

Mit dem Wasser herumgehen und es verspritzen. Dazu die Worte:
Wasser, Wasser, sei nicht träg, spül schlechte Energien weg.
Von Bösem sei der Raum nun rein, wie ich es will, so muss es sein.

Zuletzt herumgehen und kleine Prisen Salz verstreuen:
Geschöpf der Erde, bau eine Wand, bau sie stark und mit Bestand,
Zu schützen diese Kammer mein, wie ich es will, so muss es sein.

Kerze und Räucherwerk zusammen aufstellen und – unter Aufsicht – noch etwas brennen lassen. Fenster öffnen, um frische Luft einzulassen, etwas sanfte Musik spielen. Das lädt den Raum mit positiver Energie auf und vermittelt Ihnen ein ruhiges Glücksgefühl.

Familienglück

Dicke Luft in der Familie? Dieses Ritual sollte die Spannungen abbauen.

Sie brauchen

Pergament mit einem aufgezeichneten Pentagramm (fünfeckiger Stern)
•
einen kleinen runden Spiegel
•
eine blaue Kerze
•
einen glatten Stein
•
ein Schälchen Wasser
•
Räucherwerk
•
Knöpfe – für jedes Familienmitglied einen

Selbst in eng verbundenen Familien kommt es manchmal zu Unstimmigkeiten und Machtkämpfen – oft zum Schaden der einzelnen Familienmitglieder. Dieser Zauber kann die Harmonie in Ihrem Kreis wiederherstellen. Sie können ihn auch abwandeln, um Missstimmung in Ihrem Freundeskreis zu mildern. Wählen Sie die Knöpfe sorgfältig so aus, dass ihre Muster und Farben die beteiligten Personen verkörpern.

Methode

Das Pergament in einer Vollmondnacht ausbreiten. Den Spiegel an die obere Ecke des Pentagramms legen, dann im Uhrzeigersinn Kerze, Stein, Wasser und Räucherwerk an den übrigen Ecken platzieren. Die Kerze und das Räucherwerk anzünden. Die Knöpfe nacheinander einzeln aufheben, nach einem Familienmitglied benennen und in die Mitte des Pentagramms legen. Wenn alle Knöpfe in der Mitte liegen, halten Sie Ihre Hände etwa 15 cm darüber und stellen sich vor, dass ein goldenes Licht von Ihren Handflächen ausströmt und die Knöpfe einhüllt. Sprechen Sie:

Möge das goldene Licht der Liebe diese Familie umfangen. Möge es sie in Harmonie und Frieden zusammenbringen. Möge jeder Einzelne von ihnen Glück und Gesundheit, innere und äußere Sicherheit und tausend Segnungen für die Zukunft finden. All dies werde ich im Namen der Alten tun. So muss es sein.

Verwahren Sie die Knöpfe zusammen an einem sicheren Ort – z. B. in einem Samtbeutel oder einer Streichholzschachtel. Erneuern Sie den Zauber, wann immer die familiäre Harmonie etwas Unterstützung braucht.

Heilzauber

Ein Zauber, der sich in Zeiten der Krankheit die Heilkraft von Mutter Erde zunutze macht.

Sie brauchen

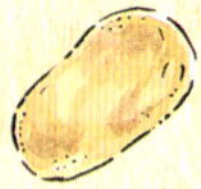

eine Kartoffel

ein Foto der zu heilenden Person

•

schwarzes Baumwollgarn

Wenn es einem Bekannten nicht ganz gut geht, wenden Sie diesen Zauber an, und sie oder er wird bald wieder gan obenauf sein. Bei Zaubereien, die andere betreffen, sollte man diese Personen am besten vorher informieren.

Methode

An einem Samstag bei abnehmendem Mond die Kartoffel in die ein Hand und das Foto in die andere nehmen. Sitzen Sie ruhig, stellen S sich die Krankheit vor – vielleicht als schwarzen Klumpen oder dunkelrote, rotierende Masse. Die Visualisierung soll das Foto überla gern. Wenn Sie so weit sind, führen Sie Foto und Kartoffel langsam zusammen, bis sie sich berühren. Sobald sie das tun, sagen Sie:

Krankheit, durch meinen Willen und den der Alten ziehe ich dich au dem Körper von [Name der Person] in das Innere dieser Kartoffel.

Stellen Sie sich dabei die Krankheit als dunkle Wolke vor, die aus dem Foto in die Kartoffel strömt. Wenn diese alles aufgenommen ha knoten Sie das schwarze Garn um die Kartoffel und sagen dabei:

Durch diesen Zauber wirst du eingesperrt,
Niemals zu entweichen, nie wieder Schaden zu tun,
Sondern zu verrotten, wie diese Kartoffel verrottet,
Und im tiefen Schoß der Erde,
Wird deine Fäulnis in Gutes verwandelt,
Wie ich es will, so muss es sein.

Vergraben Sie die Kartoffel in einem tiefen Loch. Wenn sie verrottet ist, sind alle schlechten Einflüsse von der Erde neutralisiert.

SUPER

Gartenblüte

Durch diesen Zauber blüht und grünt Ihr Garten noch üppiger.

Sie brauchen

Teelichter in Laternen

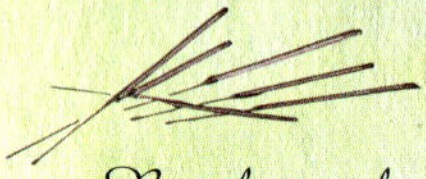

Räucherwerk

Flitter oder kleine Glitzersterne

•

etwas Sand in einer Schale

ein frisches Ei (am besten aus Bio- oder Freilandhaltung)

Träumen Sie davon, aus Ihrem Garten eine Oase der Ruhe voll herrlicher Farben und Düfte zu machen? Dieser Zauber ruft die Naturgeister oder das Feenvolk zur Hilfe dafür.

Methode

Die Laternen an den Grenzen des Gartens im Norden, Süden, Osten und Westen aufstellen. In der Mitte das Räucherwerk anzünden. Den Flitter in die Schale mit Sand geben und diese in den nördlich gelegenen Teil Ihres Gartens bringen. Norden ist die Richtung des Elements Erde. Setzen Sie die Schale auf den Boden und knien Sie davor. Vermengen Sie Sand und Flitter mit den Fingern und sagen Sie:

Mutter Erde, segne diese Schale und alles, was sie enthält. Möge sich ihre Magie in meinem Garten verbreiten und allen Pflanzen helfen, kräftig und gesund zu wachsen. Möge sie Blüten und Früchte, Vögel und andere Tiere bringen. Möge sie Feengeister rufen, ihn zu schützen und sich an seinen Gaben zu erfreuen.

Sitzen Sie einen Moment still, und nehmen Sie die Geräusche und Gerüche der Natur rundum wahr. Stehen Sie dann auf, nehmen Sie die Schale, und gehen Sie im Uhrzeigersinn in Ihrem Garten herum. Verstreuen Sie dabei das Sand-Flitter-Gemisch, und sagen Sie:

Naturgeister, segnet diesen Ort, dieser Garten sei euer Hort,
Ein Ort zu tanzen und zu schauen,
ein glücklich Heim sich zu erbauen.

Wenn Sie zurück ans Nordende kommen, graben Sie dort ein tiefes Loch und legen das Ei hinein – als Opfergabe an Mutter Erde und Symbol für einen fruchtbaren Neuanfang. Sie können an dieser Stelle auch einen kleinen Gartenaltar als spirituelles Zentrum errichten.

KAPITEL
III

Rituale für Ruhm & Reichtum

„Diamanten sind die besten Freunde einer Frau", heißt es in einem Lied. Natürlich wissen die meisten von uns, dass es im Leben Wichtigeres als Geld und Prestige gibt, aber das nötige Kleingeld und Anerkennung sind auch nicht zu verachten. Diese Rituale werden Sie vielleicht nicht von heute auf morgen zum Millionär oder Filmstar machen, aber Ihr Selbstvertrauen stärken und höhere Mächte dazu bewegen, Ihnen eine Chance zu geben. Und nicht vergessen: Magie und Gier vertragen sich nicht. Lassen Sie andere, die etwas Hilfe brauchen, an Ihrem Glück teilhaben.

Selbststärker

Haben Sie einen schlechten Tag? Dieser Zauber wird Ihr Selbstwertgefühl beflügeln.

Sie brauchen

ein Stück Papier

mind. 20 kleine, glatte Kiesel

einen schwarzen Filzstift

ein Schraubglas

Jeder von uns hat schon mal einen schlechten Tag, an dem die ganze Welt gegen uns zu sein scheint. Wenn Sie in Selbstzweifeln versinken, kann Ihnen dieses kleine Ritual bewusst machen, was für ein wertvoller Mensch Sie sind.

Methode

Listen Sie auf dem Papier all Ihre guten Eigenschaften auf. Wenn Sie einen Freund haben, dem Sie vertrauen können, zeigen Sie ihm die Liste und fragen Sie, ob ihm noch mehr Pluspunkte einfallen. Bei zunehmendem Mond Liste, Kiesel und Filzstift nehmen und auf jeden Kiesel eine Ihrer guten Eigenschaften schreiben. Wenn Sie mehr Kiesel als Pluspunkte haben, können Sie sich ruhig wiederholen. Wenn alle Kiesel beschriftet sind, legen Sie sie auf einen Haufen, breiten Sie Ihre Hände darüber, und sagen Sie:

Diese Steine verkörpern all die guten Dinge in mir. Möge ich mich stets entsinnen, dass ich in diesem Universum einzigartig bin und den göttlichen Funken der Alten in mir trage. Der Gott und die Göttin sind in mir, meine Geisthelfer sind um mich. Ich bin ein Kind der Sterne und mache mein Recht auf Glück und vorbehaltlose, seelenerwärmende Liebe geltend. Ich bin. Ich bin. Ich bin.

Ein paar Kiesel in das Glas legen; dabei die jeweiligen Eigenschaften benennen. Die übrigen Kiesel neben das Glas legen. Sie können den Zauberspruch auf ein Papier schreiben, das Sie gut sichtbar in der Nähe des Glases verwahren. Jedes Mal, wenn Ihr Selbstbewusstsein etwas Stützung braucht, sollten Sie den Spruch lesen und noch einen Kiesel in das Glas legen, das Sie daran erinnert, was für ein wunderbarer Mensch Sie sind.

„Kröten“ Zauber

Wir träumen alle von genug Geld, um die Dinge zu tun, die wir tun möchten. Statt nur zu träumen, probieren Sie lieber diesen Zauber.

Sie brauchen

eine Hand voll frische Minze

•

zwei grüne Kerzen

•

Räucherwerk

•

zehn Münzen mit hohem Nennwert

•

einen Kontoauszug aus jüngerer Zeit

•

eine neue Geldbörse oder Brieftasche

Die Minze wird von jeher mit Wohlstand assoziiert. Indem Sie die Münzen als Symbol für Reichtum damit besprenkeln, gehen Sie ein Bündnis mit den entsprechenden universalen Kräften ein. Dieser Zauber berücksichtigt das universale „Gesetz“: Von dem, was man erhält, muss man etwas zurückgeben. Wenn Ihre Großzügigkeit vorbehaltlos von Herzen kommt, wird Ihr Leben auch sonst bereichert.

Methode

Für den Minztee Minze mit kochendem Wasser übergießen und zehn Minuten ziehen lassen, absieben und beiseite stellen. Kerzen und Räucherwerk anzünden und die Münzen kreisförmig auslegen. In die Mitte Ihren Kontoauszug und darauf die neue Geldbörse oder Brieftasche legen. Halten Sie Ihre Hand flach über das Ganze ausgebreitet und sagen Sie:

Kreis des Reichtums, du bist mein.
Der Gold- und Silbermünzen Schein,
Ein Vermögen blank und bar,
Dieses sei nun mein fürwahr,
Und dazu noch mit Geschick,
viel Gesundheit auch und Glück,
Doch um andre nicht zu vergessen,
Will ich versprechen unterdessen,
Jedes Jahr den Zehnten fortzugeben,
zu verbessern eines anderen Leben.

Das Ganze mit dem Minzaufguss besprenkeln. Mindestens eine Münze für einen wohltätigen Zweck reservieren, die übrigen als „Saat“ Ihres künftigen Reichtums in die Geldbörse stecken.

Sternenzauber

Dieser Zauber garantiert Ihnen noch keinen Oscar – bringt Sie aber sicher auf den richtigen Weg.

Sie brauchen

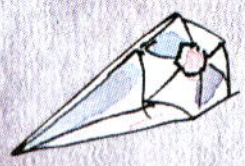

einen klaren Quarzkristall

•

eine Flasche Quellwasser

eine Schale

einen kleinen Spiegel

•

ein weiches Tuch oder einen Zeitungsausschnitt

Es gibt viele aufstrebende Schauspieler und Schauspielerinnen auf der Suche nach Ruhm und Erfolg. Wenn Sie zu ihnen gehören, kann dieser Zauber Ihnen helfen, sich über die Masse zu erheben und Beachtung zu finden.

Methode

Sie brauchen eine sternenklare Nacht um die Zeit des Vollmonds herum. Den Kristall vor dem Ritual einen Tag und eine Nacht lang zur „Reinigung" in eine Salzwasserlösung legen. Dies befreit ihn von allen früheren Energien. In der Nacht des Zaubers das Quellwasser in die Schale gießen. Den Spiegel auf den Boden der Schale legen und den Kristall in das Wasser tauchen. Sitzen Sie still und sehen Sie einige Minuten in die majestätische Unermesslichkeit des Nachthimmels hinauf. Schauen Sie dann auf die Schale, und sehen Sie das Universum auch in ihr gespiegelt. Mit der Schale in beiden Händen sprechen Sie:

Die Kraft der Sterne erfülle dich heut Nacht,
Das silberne Mondlicht mit seiner Macht,
Ich zieh euch herunter in meine Welt,
Mir eine Leiter zu bauen in die Höhen,
des Ruhms, nach dem ich trachte, der Namen, die ich achte.
Alle Welt soll meinen Namen rufen,
Die Sterne preisen, die mich erschufen,
Diese klare Nacht, in der ich begann,
Mir eine Leiter zu bauen in die Höhen,
Des Ruhms, nach dem ich trachte, der Namen, die ich achte.
Wie ich es will, so muss es sein. So ist es.

Den Kristall herausnehmen und in das Tuch oder einen Zeitungsausschnitt, z. B. über eine Oscarverleihung, wickeln. Sie können daraus auch ein Schmuckstück machen und es zum Vorsprechen tragen.

Glückszauber

Fühlen Sie sich vom Pech verfolgt? Dieser Zauber kann Ihnen zu mehr Glück im Leben verhelfen.

Sie brauchen

7 Bohnen

ein goldenes Band

ein Stück blauen Flanell

Ein kleiner Glücksbringer für alle, die nie etwas gewinnen. Ihre Zauberbohnen wachsen vielleicht nicht in den Himmel können Ihnen aber doch helfen, ein paar Heller zu ergattern

Methode

Legen Sie die sieben Bohnen in einer Reihe vor sich aus. Heben Sie sie nacheinander hoch und ordnen Sie jeder Bohne die Art von Glüc zu, die Sie sich wünschen, z. B.: „Diese Bohne bestimme ich zum Gewinnen bei Wettbewerben", „Diese Bohne bestimme ich zum Gewinnen beim Pferderennen" usw. Wenn sie alle benannt sind, sammeln Sie sie auf das Stück Flanell und legen sie beiseite. Nehmen Sie jetzt das goldene Band, und machen Sie auf einem Viertel, der Hälfte und drei Vierteln der Länge je einen Knoten.

Beim ersten Knoten sagen Sie:
Mit dem ersten bind ich den Zauber zu,
dass er mir gute Dienste tu.

Beim zweiten Knoten:
Durch den zweiten kann er nicht entrinnen,
mit diesem Zauber will ich nun gewinnen.

Beim letzten Knoten:
Durch den dritten meinen Willen tun nun gerne,
Erde, Sonne, Mond und Sterne,
Hiermit will ich die Zauberbohnen binden,
Um alles Glück der Welt zu finden.

Bohnen mit Flanell umwickeln und mit dem Band verschnüren. Das Päckchen aufbewahren und mitnehmen, wenn Sie Glück brauchen.

Zukunftsglanz

Ein Funken sprühender Zauber für eine glanzvolle Zukunft.

Sie brauchen

Symbole für die Zukunft – z. B. eine Münze oder ein Herz

•

eine Topfpflanze

•

eine lang brennende Wunderkerze

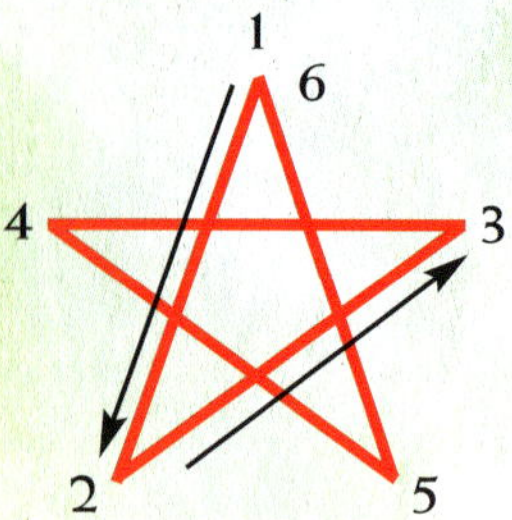

Probieren Sie, statt Ihre Zukunft dem Zufall zu überlassen, doch einmal diesen Zauber aus. Dabei werden die Symbole Ihrer Wünsche in fruchtbare Erde gepflanzt. Die Pflanze selbst zeigt, wie es um Ihre Zukunft bestellt ist.

Methode

Wählen Sie ein paar kleine Objekte, die Ihre Zukunftswünsche symbolisieren: z. B. eine Münze für Geld, eine Schale für Sicherheit, ein Herz für Liebe. Rund um den Topfrand der Pflanze muss genug Platz für sie alle sein. Nehmen Sie ein Symbol und sagen Sie:

[Name des Objekts], ich mache dich zum Symbol meiner Zukunft. Ich wünsche mir [Wunsch einfügen]. Wie ich es will, so muss es sein

Das Objekt am Topfrand eingraben. Vorgang mit den übrigen wiederholen. Den Topf nach draußen bringen, die Wunderkerze anzünden und dazu sagen:
Ich rufe alle anwesenden Geister und die Elemente Erde, Luft, Feuer und Wasser an, Zeugen meiner Wünsche für die Zukunft zu sein.

Umkreisen Sie den Topf im Uhrzeigersinn mit der Wunderkerze, ohne Funken auf die Pflanze zu sprühen. Sagen Sie dabei:
Mit dem göttlichen Funken setze ich diesen Zauber frei. Möge alles, was ich wünsche, geschehen, und niemand durch diesen Zauber geschädigt werden. Im Namen der Alten grüße ich euch mit diesem alten Zeichen.

Zeichnen Sie mit der Wunderkerze ein die Erde beschwörendes Pentagramm vor der Pflanze in die Luft (siehe Schema, links). Bringen Sie die Pflanze ins Haus zurück, und pflegen Sie sie so sorgsam, wie es Ihre Zukunft verdient.

KAPITEL
IV

Rituale für besondere Anlässe

Es gibt im Leben immer wieder besondere Anlässe zu feiern: Insbesondere Geburten und Hochzeiten sind Gelegenheiten für Feste und Geschenke. Schenken Sie statt der üblichen Silberlöffel oder Kristallgläser doch einmal magische Wünsche für die Zukunft. Vielleicht wollen Sie sich auch selbst etwas zum Geburtstag wünschen oder um Erfolg bei einer Prüfung bitten. Diese kleinen Rituale liefern genau die Hilfe, die Sie für besondere Tage brauchen, und warum sollten Sie sich selbst zu guter Letzt nicht noch ein paar süße Träume bescheren?

Geburtstagswunsch

Bitten Sie die Elemente Erde, Feuer, Luft und Wasser um Hilfe bei der Verwirklichung Ihrer Wünsche.

Sie brauchen

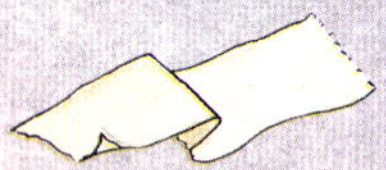

einfarbiges, helles Leinen

•

einen roten Stift

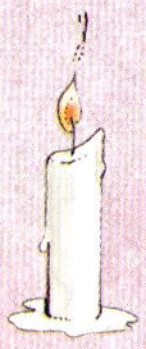

eine weiße Kerze

eine kleine, leere Flasche mit Stöpsel

Statt sich beim Ausblasen der Kerzen auf der Geburtstagstorte etwas zu wünschen, können Sie Ihren Wunsch durch diesen Zauber von allen vier Elementen in den Kosmos tragen lassen, was mehr Erfolg verspricht.

Methode

Setzen Sie sich an Ihrem Geburtstag an einen stillen Ort, und konzentrieren Sie sich auf Ihren Wunsch. Dann das Leinen in vier gleiche Stücke schneiden. Den Wunsch mit rotem Stift auf jedes Stück schreiben. Das erste draußen in der Erde vergraben. Sprechen Sie dabei:
Geister der Erde, macht meine Wünsche so stark wie einen Berg.
Nehmt meinen Wunsch, und macht ihn wahr.

Das zweite Stück Leinen in der Kerzenflamme verbrennen. Wählen Sie dafür einen sicheren Ort, an dem nichts anderes Feuer fangen kann. Während das Leinen brennt, sagen Sie:
Geister des Feuers, fühlt mein brennendes Begehren.
Nehmt meinen Wunsch, und macht ihn wahr.

Binden Sie das dritte Stück Leinen an den Ast eines Baums auf der Kuppe eines windigen Hügels. Sagen Sie dazu:
Geister der Luft, fliegt um die Welt, um mir Antwort zu bringen.
Nehmt meinen Wunsch, und macht ihn wahr.

Stecken Sie das letzte Stück Leinen in die Flasche, stöpseln Sie sie gut zu, und werfen Sie sie in einen Fluss. Sagen Sie:
Geister des Wassers, die ihr zum weiten Meer hin strömt,
Nehmt meinen Wunsch, und lasst ihn frei.
Der letzte und wichtige Bestandteil des Zaubers:
Kehren Sie nach Hause zurück und feiern Sie ein fröhliches Fest!

Traumhochzeit

So können Sie die magischen Wünsche für
Ihre Freunde liebevoll verpacken.

Sie brauchen

ein Stück pergamentartiges Papier

gepresste und getrocknete Rosenblütenblätter, Lavendel-, Wicken- und Nelkenblüten

•

einen roten Buntstift

•

einen kleinen Bilderrahmen

Eine schöne und magische Gabe für Frischvermählte. Der in dem Bild verborgene Glückszauber wird ihrer Ehe lebenslangen Segen bescheren. Für den Zauber braucht man etwas Kunstsinn, aber nichts, was einfallsreiche Hexen und Zauberer überfordern würde.

Methode

Schreiben Sie folgende Worte in die Mitte des Pergaments – am besten in Kalligraphie:

Rote Rosen steh'n für Liebe, tief und wahr,
Lavendel bringt euch Glück und Segen,
Wicken versprechen Freude immerdar,
Und Nelken ein wunderbares Leben.

Die Trockenblumen möglichst hübsch rund um die Worte arrangieren und festkleben. Dann das Papier sorgfältig so zuschneiden, dass es in den Rahmen passt. Bevor Sie das Papier rahmen, drehen Sie es um und zeichnen mit dem roten Stift die drei Runen darauf, die Glück und Segen symbolisieren (in der rechten oberen Ecke des nebenstehenden Fotos zu sehen). Wenn Sie das Papier gerahmt haben, sitzen Sie einen Moment still und beschwören ein inneres Gefühl von vorbehaltloser Liebe herauf. Fühlen Sie sie als große Wärme in Ihrem Inneren – eine Liebe zu allen Menschen und allen Dingen auf der Welt. Wenn Ihnen dies gelungen ist, halten Sie das Bild an Ihr Herz, und sagen Sie:

Mit Liebe gemacht, mit Liebe gegeben,
Um eure Liebe zu bewahren, ein Leben lang.

Jetzt ist der Glückszauber zum Verschenken bereit.

BXP

Babysegen

Ein bunter Zauber, um dem Neugeborenen eine glückliche und erfolgreiche Zukunft zu sichern.

Sie brauchen

7 je 50 cm lange Stränge Stickgarn in den Farben Rot, Orange, Gelb, Grün, Blau, Indigo und Violett

kleine bunte Perlen oder Glücksbringer

Die Geburt eines Kindes bedeutet neue Hoffnung und ein Glücksversprechen für die Zukunft. Dieses von magischen Wünschen für sein zukünftiges Leben erfüllte Glücksarmband ist das ideale Geschenk für ein Neugeborenes.

Methode

Garnstränge in der Reihenfolge der Regenbogenfarben auslegen, 5 cm von einem Ende entfernt zusammenknoten und mit Klebeband auf einer Arbeitsfläche befestigen. Den roten Strang von links über die übrigen legen, dann unter diesen hindurch und nach oben durch die Schlaufe führen. Knoten festziehen und das Ganze neunmal wiederholen. Die Knoten sollen dicht aneinander anliegen. Eine Perle oder einen Glücksbringer auffädeln, dann mit den übrigen Farben und Perlen fortfahren. Bei jeder Farbe den passenden Segen sprechen:

ROT: Mögen Stärke und Mut dich dein ganzes Leben lang begleiten und vor aller Unbill beschützen.
ORANGE: Mögest du die Gabe der Fantasie haben und die Fähigkeit, deine Träume zu verwirklichen.
GELB: Mögest du in deinem Leben viel Glück und wenig Kummer erfahren.
GRÜN: Mögest du stets in Sicherheit leben – ein Dach über dem Kopf, Essen auf dem Tisch und Kleider am Leib haben.
BLAU: Mögest du stets an Körper und Geist gesund sein.
INDIGO: Möge dein Geist immer rege und lernbegierig sein.
VIOLETT: Mögest du mit der Liebe und Obhut deiner Schutzengel gesegnet sein.

[Name des Kindes], möge dieser Glücksbringer die Segnungen deines Lebens verkörpern und dich ab sofort gedeihen lassen. Sei gesegnet.

Zuletzt die beiden Enden zum Glücksarmband verknoten.

Glanz & Gloria

Prüfungen können extrem Nerven aufreibend sein. Dieser Zauber gewährt Ihrem Geist Zugriff auf die Alexandrinische Bibliothek.

Sie brauchen

Bibliotheksstaub

ein Tropfen ätherisches Lavendelöl

•

ein Tropfen ätherisches Basilikumöl

•

10 ml Mandelöl

eine purpurfarbene Kerze

Prüfungen sind selten einfach, doch Panik macht die Sache nur noch schlimmer. Dieser Zauber verbindet Sie durch das Purpur der Kerze mit den höheren Mächten und der geistigen Heimat allen Wissens – der Alexandrinischen Bibliothek im Reich der Geister. Die ätherischen Öle beschwichtigen Ihre Ängste und machen Sie geistig hellwach.

Methode

Den Bibliotheksstaub können Sie vielleicht in ein Taschentuch oder ein Glasröhrchen sammeln, wenn gerade niemand hinsieht. Da alle Dinge zusammenhängen, kann der Staub eine Verbindung zur großen geistigen Bibliothek der Anderswelt herstellen. Die Alexandrinische Bibliothek enthält alles, was je geschrieben wurde oder geschehen ist, sowie die Bücher der vergangenen, gegenwärtigen und zukünftigen Leben aller Menschen. Am Abend vor der Prüfung je einen Tropfen Lavendel- und Basilikumöl in das Mandelöl geben und alles gut vermischen. Das Öl mit dem Zeigefinger der rechten Hand auf die Kerze reiben und diese anzünden. Sagen Sie dabei:

Engel der Anderswelt, ich erbitte eure Hilfe. Seid bei meiner Prüfung morgen bei mir. Gewährt mir unterbewussten Zugang zur Alexandrinischen Bibliothek und ein Gefühl der Ruhe und Kontrolle. Öffnet meine Gedächtnistüren für alles, was ich gelernt habe, sodass ich alle benötigten Antworten finde. Seid bedankt für eure Gnade.

Lassen Sie die Kerze brennen, und visualisieren Sie die Prüfung – wie Sie gelassen, ruhig und gesammelt alle Fragen beantworten. Verharren Sie so etwa eine Viertelstunde, und blasen Sie dann die Kerze aus. Salben Sie sich mit etwas von dem restlichen Öl, bevor Sie zur Prüfung antreten.

Schlummerzauber

Dieser Zauber verbannt alle bösen Nachtgespenster
und fördert friedliche und schöne Traumbilder.

Dieser Zauber wird süße Träume in Ihr Bett locken und Ihren Schlaf mit angenehmen Bildern erfüllen. Der Beifuß kann sogar prophetische Träume bringen, da ihm nachgesagt wird, dass er den Schleier zwischen dieser und der nächsten Welt lüftet.

Sie brauchen

eine Hand voll Lavendelblüten

eine Hand voll Hopfen

eine Hand voll getrockneten Beifuß

•

Musselin

•

ein blaues Band

•

zwei kleine Glöckchen

Methode

Lavendel, Hopfen und Beifuß mischen und dabei eine leise Melodie summen oder singen – um die Kräuter mit sanfter Musik aus Ihrem Herzen zu erfüllen. Kräuter auf den Musselin geben, Stoffecken zusammenschlagen und mit dem blauen Band zusammenbinden. Blau ist eine sanfte, spirituelle Farbe, die mit Heilung und Ruhe assoziiert wird. Die beiden Glöckchen an die Enden des Bandes binden. Glockenklang dringt über diese Welt hinaus und kann so dazu dienen, Träume und hilfreiche Geister herbeizurufen, während Sie schlafen. Den Beutel an ein offenes Fenster hängen, wo er vom Mond beschienen wird. Die Brise soll die Glöckchen läuten, während das Mondlicht die Kräuter mit Kraft erfüllt. Sagen Sie beim Aufhängen:

Bring mir süße Träume nur, Bilder voll Schönheit rein und pur.
Alpträume, bleibt fern von mir, böse Geister, fliegt fort von hier.
Durch Kräuter und die Muttergöttin ruf ich die Geister nun mithin,
Diesen Zauber zu weihen, mir ruhigen Schlaf zu verleihen.

Tun Sie das drei Nächte lang, bevor Sie den Beutel über Ihr Bett hängen. Beachten Sie, dass Sie den Zauber von Zeit zu Zeit erneuern müssen und er nicht funktioniert, wenn Sie vor dem Zubettgehen etwas zu Schweres gegessen haben, da dies Ihr psychisches Zentrum blockiert.

Kristalle

Achat
Achate haben eine ausgleichende und stabilisierende Wirkung auf Körper und Geist. Sie wirken schützend und reinigend.

Amethyst
Ein starker Heilkristall, der auch das Hellsehen und die Intuition fördert. Ein sanfter, spiritueller Kristall, der die Gefühle beruhigt und das Herz erhebt.

Bergkristall
Ein guter „Universalkristall" für die Magie. Er steigert Energien und vertreibt Negativität. Auch für Heilzauber sehr geeignet.

Diamant
Dieser wertvollste und beständigste aller Kristalle verkörpert die Unbesiegbarkeit und wehrt Negativität ab. Wird auch für Liebeszauber verwendet.

Hematit
Dieses Mineral wird oft spiegelglatt poliert und wehrt dann alle gegen seinen Träger gerichteten negativen und bösen Gedanken ab.

Karneol
Ein „Segensstein", der Freude, Gesundheit, Motivation und Selbstvertrauen beschert. Von alters her als Amulett beliebt: Ihr Verbündeter auf Ihrem Weg durch die Welt.

Lapislazuli
Ein ausgezeichneter spiritueller Verbündeter, der unsere Sinne für Übernatürliches öffnet, Weisheit und innere Sicht stärkt.

Malachit
Der beruhigende Stein hilft, in jeder Lage die Wahrheit zu sehen. Man sagt, dass er bei drohendem Unheil oder Gefahr zerbricht.

Rauchquarz
Dieser Kristall absorbiert Negativität und hilft uns, uns unseren Problemen zu stellen.

Rosenquarz
Der Kristall des Herzens unterstützt Freundschaft und Romanzen. Er beschwichtigt Ängste und lindert Schmerzen.

Tigerauge
Dieser Stein wirkt sehr stabilisierend. Er kann auch helfen, die Absichten anderer zu „lesen" oder Einsichten zu gewinnen. Außerdem fördert er die Konzentration.

Türkis
Für die amerikanischen Ureinwohner ist der Türkis ein heiliger Stein. Er bringt Mut, Erfolg und Lebensfreude und symbolisiert Himmel und Luft – den Lebenshauch.

Zitrin
Unterstützt die Kommunikation und Entscheidungsfindung. Er bringt geistige Klarheit und befreit Geist und Körper von schädlichen Giftstoffen.

Kräuter

3eifuß
)as Kraut des Hellsehens und der Visionen vird für Weissagungen eingesetzt. Ein sehr veibliches, der Göttin geweihtes Kraut; gut ür weibliche Rituale.

Geißblatt
Mit dem Rad des Lebens und des Todes assoziiert. Kann für alle Übergangsriten verwendet werden, aber auch für Magie, bei der es darum geht, eine Situation zu akzeptieren.

Knoblauch
Schützt den Träger nicht nur vor Vampiren, ondern auch vor allen anderen Arten von Bösem und Negativität.

Lavendel
Beruhigender Lavendelduft hilft bei Meditaion und Konzentration. Auch ein ausgezeichnetes „Reinigungskraut" für Heim und Arbeitsstätte.

Majoran
Majoran wird mit dem Herzen assoziiert und ür Liebes- und Freundschaftszauber, aber auch als Trostspender in Zeiten der Trauer verwendet.

Minze
Das beste Kraut für Geldzauber und andere „Überflussmagie". Kann auch schützenden Einfluss im Heim ausüben.

Rose
Von jeher das Symbol der wahren Liebe – nicht nur zwischen Liebenden, sondern auch der reinen, vorbehaltlosen Liebe zu allen Menschen. Verkörpert auch edle Absichten.

Salbei
Salbei wird mit Weisheit und langem Leben assoziiert. Ein schützendes Kraut, vor allem im Zusammenhang mit dem Heim.

Schafgarbe
Ein männliches Kraut, das mit Sommer und Sonne assoziiert wird und für Liebes- und Heilzaubereien verwendet werden kann. Es hilft auch beim Weissagen.

Süßgras
Dient bei den amerikanischen Ureinwohnern zur Reinigung von Menschen und Ritualstätten und dazu, Gebete zu einer höheren Macht zu tragen.

Thymian
Ein Kraut mit vielen magischen Kräften. Es kann dazu dienen, Liebe anzuziehen, Albträume abzuwehren und Gesundheit zu erlangen. Es heißt, das Feenvolk liebe Thymian.

Register

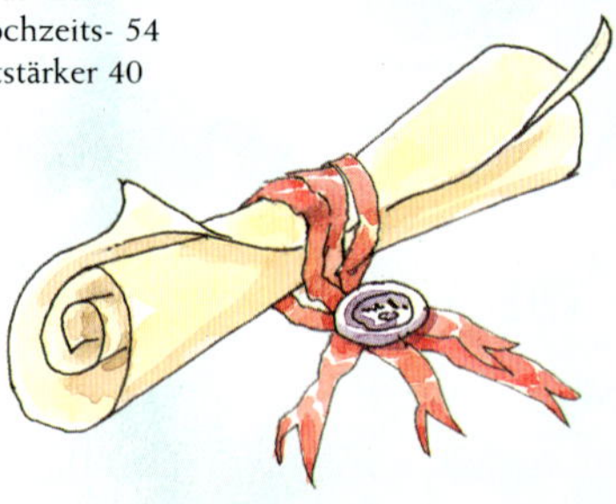